The Lost Sock Detective Agency: Short Stories for Danish Language Learners

Artici Bilingual Books

Published by Artici Bilingual Books, 2024.

While every precaution has been taken in the preparation of this book, the publisher assumes no responsibility for errors or omissions, or for damages resulting from the use of the information contained herein.

THE LOST SOCK DETECTIVE AGENCY: SHORT STORIES FOR DANISH LANGUAGE LEARNERS

First edition. March 12, 2024.

Copyright © 2024 Artici Bilingual Books.

ISBN: 979-8224568321

Written by Artici Bilingual Books.

Table of Contents

Agnes og Arne

Agnes boede i en lille landsby ved navn Grønnebjerg. Hun var en enke, der levede et stille liv i sit hyggelige hus med udsigt over markerne. Agnes var en kvinde af få ord, men hendes øjne skinnede med en varme og venlighed, der fangede enhver, der mødte hende.

Arne var en enlig mand, der boede på den anden side af landsbyen. Han var en stille og eftertænksom sjæl, der brugte sine dage på at dyrke sin have og nyde naturens skønhed. Arne var en mand af rutiner, men bag hans stille facade lå der en længsel efter noget mere.

En dag, da solen skinnede klart over Grønnebjerg, stødte Agnes og Arne på hinanden ved landsbyens torv. De havde kendt hinanden i årevis, men aldrig rigtig talt sammen. I dag var anderledes. En følelse af nysgerrighed og håb fyldte luften mellem dem.

De begyndte at udveksle høfligheder og småsnak om vejret og landsbyens nyheder. Men snart begyndte samtalen at dykke dybere, og de fandt sig selv delende historier om deres liv, drømme og ønsker.

Agnes fortalte Arne om sin kærlighed til blomster og de mange år, hun havde tilbragt sammen med sin afdøde mand, der elskede at dyrke roser i deres have. Arne lyttede opmærksomt og delte derefter sin egen passion for naturen og hans ensomhed efter at have mistet sin kone.

Der opstod en forbindelse mellem dem, som de begge havde savnet i deres liv. De begyndte at tilbringe mere tid sammen, gå ture i landsbyens grønne enge og dele stille øjeblikke på Agnes' veranda, mens de nød solnedgangen.

Med tiden voksede deres venskab til noget mere. Agnes og Arne fandt trøst og glæde i hinandens selskab, og langsomt begyndte de at genopdage lykken i livet efter tab og sorg.

En dag, da efterårets farver malede landskabet i gyldne nuancer, stod Arne pludselig foran Agnes' dør med et glimt i øjet og et smil på læben.

"Vil du tage med mig ud at se efter svampe i skoven?" spurgte han med en forsigtig tone.

Agnes blev overrasket af invitationen, men hendes hjerte sprang af glæde ved tanken om at tilbringe mere tid med Arne. "Ja, det vil jeg gerne," svarede hun med et smil.

Sammen vandrede de gennem skovens stier, samlede svampe og delte stille øjeblikke af lykke. Det var som om verden stod stille, mens de to venner fandt glæde i hinandens selskab.

Da de vendte tilbage til landsbyen ved solnedgang, standsede Arne pludselig midt på vejen og så dybt ind i Agnes' øjne. "Jeg har brug for at fortælle dig noget," begyndte han, hans stemme fyldt med alvor.

Agnes lyttede opmærksomt, mens Arne erklærede sin kærlighed til hende. "Du har givet mig håb og lykke igen, Agnes," sagde han. "Vil du være min ledsager gennem livet?"

Tårer af glæde fyldte Agnes' øjne, da hun indså, at hun havde fundet noget særligt med Arne. "Ja," svarede hun med en bevæget stemme. "Ja, jeg vil være din ledsager."

De to sjæle fandt hinanden på tværs af sorg og ensomhed og opdagede, at livet havde mange små mirakler at tilbyde, hvis man bare turde åbne sit hjerte.

Agnes and Arne

Agnes lived in a small village called Grønnebjerg. She was a widow, living a quiet life in her cozy house overlooking the fields. Agnes was a woman of few words, but her eyes shone with a warmth and kindness that captivated anyone who met her.

Arne was a single man who lived on the other side of the village. He was a quiet and contemplative soul, spending his days tending to his garden and enjoying the beauty of nature. Arne was a man of routines, but behind his quiet facade lay a longing for something more.

One day, as the sun shone brightly over Grønnebjerg, Agnes and Arne bumped into each other at the village square. They had known each other for years but had never really spoken. Today was different. A sense of curiosity and hope filled the air between them.

They began exchanging pleasantries and small talk about the weather and the village news. But soon the conversation delved deeper, and they found themselves sharing stories about their lives, dreams, and desires.

Agnes told Arne about her love for flowers and the many years she had spent with her late husband, who loved to cultivate roses in their garden. Arne listened attentively and then shared his own passion for nature and his loneliness after losing his wife.

A connection formed between them, one they had both missed in their lives. They began spending more time together, taking walks in the village's green meadows and sharing quiet moments on Agnes' porch as they watched the sunset.

Over time, their friendship grew into something more. Agnes and Arne found comfort and joy in each other's company, and slowly they began to rediscover the happiness in life after loss and sorrow.

One day, as the colors of autumn painted the landscape in golden hues, Arne suddenly stood in front of Agnes' door with a twinkle in his eye and a smile on his lips. "Would you like to go mushroom hunting with me in the forest?" he asked with a cautious tone.

Agnes was surprised by the invitation, but her heart leaped with joy at the thought of spending more time with Arne. "Yes, I would love to," she replied with a smile.

Together, they wandered through the forest paths, collecting mushrooms and sharing quiet moments of happiness. It was as if the world stood still as the two friends found joy in each other's company.

As they returned to the village at sunset, Arne suddenly stopped in the middle of the road and looked deep into Agnes' eyes. "I need to tell you something," he began, his voice filled with seriousness.

Agnes listened attentively as Arne declared his love for her. "You have given me hope and happiness again, Agnes," he said. "Will you be my companion through life?"

Tears of joy filled Agnes' eyes as she realized she had found something special with Arne. "Yes," she replied with a moved voice. "Yes, I will be your companion."

The two souls found each other across grief and loneliness and discovered that life had many small miracles to offer if one dared to open their heart.

Blomsterhandleren af Ønsker

I hjertet af den travle by København lå en lille blomsterbutik med et magisk ry. Det var ikke bare en almindelig blomsterbutik; det var stedet, hvor folk gik hen for at få deres ønsker opfyldt. Og bag disken stod en ganske særlig person - blomsterhandleren af ønsker.

Hendes navn var Freja, og hun var ikke som de andre blomsterhandlere. Hun vidste, at blomster havde en magisk kraft til at bringe håb og glæde ind i menneskers liv. Men det var ikke kun blomster, der var magiske i Frejas butik. Det var hendes evne til at høre folks inderste ønsker og omsætte dem til virkelighed gennem hendes blomsterarrangementer.

En dag kom en ung kvinde ved navn Amalie ind i Frejas butik. Hendes ansigt bar spor af bekymring, og hendes øjne skinnede med en stille længsel. "Jeg har hørt om din butik," begyndte Amalie forsigtigt. "Jeg har brug for hjælp til at få et ønske opfyldt."

Freja smilede opmuntrende og inviterede Amalie til at sidde ned ved disken. "Fortæl mig dit ønske," sagde hun venligt.

Amalie tog en dyb indånding og kiggede Freja direkte i øjnene. "Jeg ønsker at finde kærligheden," indrømmede hun. "Men jeg ved ikke, hvor jeg skal lede, eller hvordan jeg skal vide, om den rigtige person er derude."

Freja lyttede opmærksomt og nikkede forstående. Hun vidste, at kærligheden var en af livets største ønsker og en af de sværeste at opfylde. Men hun var fast besluttet på at hjælpe Amalie med at finde det, hun søgte.

Med en stille beslutsomhed begyndte Freja at sammensætte et blomsterarrangement, der ville bringe kærlighedens energi ind i Amalies liv. Hun valgte blomster med omhu, hver eneste en symbol på kærlighedens kraft og skønhed.

Da Amalie så arrangementet, fyldtes hendes øjne med tårer. "Det er så smukt," hviskede hun bevæget.

Freja smilede og rakte hånden ud mod Amalie. "Dette arrangement vil ikke kun bringe skønhed ind i dit hjem," forklarede hun. "Det vil også åbne dit hjerte for kærlighedens muligheder. Tag det med dig og lad det minde dig om, at kærligheden altid er omkring dig."

Taknemmelig tog Amalie imod arrangementet og forlod butikken med et nyt håb i sit hjerte. Hun vidste ikke, hvad fremtiden ville bringe, men hun stolede på, at blomsterhandleren af ønsker havde startet hende på den rigtige vej.

Dagene gik, og Amalie begyndte at mærke forandringer i sit liv. Hun bemærkede små tegn på kærlighedens tilstedeværelse omkring hende - fra et venligt smil på gaden til en tilfældig samtale i en café.

En dag, da solen skinnede klart over byen, stødte Amalie ind i en ung mand ved navn Nikolaj. Deres øjne mødtes, og Amalie kunne mærke sit hjerte slå hurtigere i hendes bryst. Der var noget ved Nikolajs smil og hans varme øjne, der fangede hende øjeblikkeligt.

De begyndte at tale og opdagede hurtigt, at de havde meget til fælles. De delte latter og livets oplevelser, og før de vidste af det, var de dybt forelskede i hinanden.

Amalie vidste, at det var Frejas magiske blomsterarrangement, der havde ført hende til Nikolaj. Hun skyndte sig tilbage til blomsterbutikken for at dele den glædelige nyhed med Freja.

Da Freja hørte Amalies historie, blev hendes ansigt oplyst af et stort smil. "Jeg er så glad for at høre det," sagde hun oprigtigt. "Kærlighedens kraft er virkelig magisk."

Og i hjertet af København fortsatte hendes blomster at sprede lykke og opfylde ønsker for dem, der troede på magiens kraft.

The Florist of Wishes

In the heart of the bustling city of Copenhagen lay a small flower shop with a magical reputation. It wasn't just an ordinary flower shop; it was the place where people went to have their wishes fulfilled. And behind the counter stood a rather special person - the florist of wishes.

Her name was Freja, and she wasn't like the other florists. She knew that flowers had a magical power to bring hope and joy into people's lives. But it wasn't just flowers that were magical in Freja's shop. It was her ability to hear people's innermost wishes and turn them into reality through her flower arrangements.

One day, a young woman named Amalie entered Freja's shop. Her face bore traces of worry, and her eyes sparkled with a quiet longing. "I've heard about your shop," Amalie began cautiously. "I need help fulfilling a wish."

Freja smiled encouragingly and invited Amalie to sit down at the counter. "Tell me your wish," she said kindly.

Amalie took a deep breath and looked Freja directly in the eyes. "I wish to find love," she admitted. "But I don't know where to look or how to know if the right person is out there."

Freja listened attentively and nodded understandingly. She knew that love was one of life's greatest wishes and one of the hardest to fulfill. But she was determined to help Amalie find what she was seeking.

With quiet determination, Freja began to put together a flower arrangement that would bring the energy of love into Amalie's life. She chose flowers carefully, each one a symbol of the power and beauty of love.

When Amalie saw the arrangement, tears filled her eyes. "It's so beautiful," she whispered moved.

Freja smiled and reached out towards Amalie. "This arrangement will not only bring beauty into your home," she explained. "It will also open your heart to the possibilities of love. Take it with you and let it remind you that love is always around you."

Gratefully, Amalie accepted the arrangement and left the shop with a new hope in her heart. She didn't know what the future would bring, but she trusted that the florist of wishes had set her on the right path.

Days went by, and Amalie began to feel changes in her life. She noticed small signs of love's presence around her - from a friendly smile on the street to a random conversation in a café.

One day, as the sun shone brightly over the city, Amalie bumped into a young man named Nikolaj. Their eyes met, and Amalie could feel her heart beating faster in her chest. There was something about Nikolaj's smile and his warm eyes that captivated her instantly.

They began to talk and quickly discovered that they had much in common. They shared laughter and life experiences, and before they knew it, they were deeply in love with each other.

Amalie knew that it was Freja's magical flower arrangement that had led her to Nikolaj. She hurried back to the flower shop to share the joyful news with Freja.

When Freja heard Amalie's story, her face lit up with a big smile. "I'm so glad to hear that," she said sincerely. "The power of love is truly magical."

And in the heart of Copenhagen, her flowers continued to spread happiness and fulfill wishes for those who believed in the power of magic.

Den Gule Æsel

I en malerisk landsby på den smukke græske ø Santorini boede en ung dreng ved navn Nikos. Han var en drømmer, hvis fantasi vidste ingen grænser, og hans hjerte længtes efter eventyr. Men selvom Nikos boede på en ø, hvor hvert hjørne var fyldt med historier og skatte fra fortiden, følte han sig alligevel fanget af rutinen og det velkendte.

En dag, da solen stod højt på himlen og den friske havbrise dansede gennem gaderne, besluttede Nikos sig for at udforske øen. Han satte sig på sin cykel og trådte ud i verden med et håb om at opdage noget nyt og spændende.

Efter at have cyklet gennem snoede gader og fortryllende landskaber, stødte Nikos pludselig på en gammel sti, som han aldrig havde set før. Stien var dækket af vilde blomster og føltes som om den førte til et eventyr. Uden at tøve trådte Nikos af sin cykel og fulgte stien ind i det ukendte.

Efter at have vandret i nogen tid kom Nikos pludselig til et klippeskær, hvor havet mødte klipperne med en imponerende kraft. Men det var ikke synet af det majestætiske hav, der fangede hans opmærksomhed. Det var det gule æsel, der stod ved kanten af klippen og så ud over horisonten med sine venlige øjne.

Nikos nærmede sig æslet forsigtigt og bemærkede straks, at det var noget ganske særligt. Dets pels var af en strålende gul farve, og dets øjne bar et glimt af visdom og eventyr. "Hej der, lille fyr," sagde Nikos og strakte hånden ud for at klappe æslet.

Æslet nikkede venligt og begyndte at tale med en stemme, der lød som en fjernt ekko af havet. "Velkommen, unge rejsende," sagde æslet. "Jeg er Den Gule Æsel, vogteren af dette hemmelige sted. Hvad bringer dig til mig?"

Overrasket over at høre æslet tale, smilede Nikos og fortalte om sit ønske om eventyr og udforskning. Han spurgte æslet, om det måske kunne vise ham nogle af øens skjulte skatte og fortælle ham historier om fortiden.

Med et nikkede af forståelse førte Den Gule Æsel Nikos dybere ind i øens hemmeligheder. De udforskede gamle ruiner og forladte huler, mens æslet fortalte Nikos om de legender, der omgav dem.

Men som solen begyndte at synke ned over horisonten, indså Nikos, at det var tid til at vende tilbage til landsbyen. Han vendte sig mod æslet med et trist smil og sagde farvel. "Tak for alt, Den Gule Æsel," sagde han. "Jeg vil aldrig glemme dette eventyr."

Æslet nikkede forstående og smilede bredt. "Husk, Nikos," sagde det. "Eventyret fortsætter altid, så længe du bevarer dit hjertes mod og åbner dine øjne for skønheden omkring dig."

Med et løfte om at vende tilbage en dag trådte Nikos tilbage på sin cykel og vendte tilbage til landsbyen. Han vidste, at med mod og nysgerrighed kunne han finde eventyr overalt - selv i sin egen baghave på den smukke ø Santorini.

The Yellow Donkey

In a picturesque village on the beautiful Greek island of Santorini lived a young boy named Nikos. He was a dreamer whose imagination knew no bounds, and his heart longed for adventure. But even though Nikos lived on an island where every corner was filled with stories and treasures from the past, he still felt trapped by routine and the familiar.

One day, as the sun stood high in the sky and the fresh sea breeze danced through the streets, Nikos decided to explore the island. He hopped on his bike and ventured out into the world with hopes of discovering something new and exciting.

After cycling through winding streets and enchanting landscapes, Nikos suddenly stumbled upon an old path he had never seen before. The path was covered in wildflowers and felt like it led to an adventure. Without hesitation, Nikos got off his bike and followed the path into the unknown.

After walking for some time, Nikos suddenly reached a cliff edge where the sea met the rocks with an impressive force. But it wasn't the sight of the majestic sea that caught his attention. It was the yellow donkey standing at the edge of the cliff, looking out over the horizon with its friendly eyes.

Nikos approached the donkey cautiously and immediately noticed that it was something quite special. Its fur was of a brilliant yellow color, and its eyes bore a glimmer of wisdom and adventure. "Hello there, little guy," Nikos said, reaching out to pet the donkey.

The donkey nodded kindly and began to speak with a voice that sounded like a distant echo of the sea. "Welcome, young traveler," said the donkey. "I am the Yellow Donkey, the guardian of this secret place. What brings you to me?"

Surprised to hear the donkey speak, Nikos smiled and told of his desire for adventure and exploration. He asked the donkey if it could perhaps show him some of the island's hidden treasures and tell him stories of the past.

With a nod of understanding, the Yellow Donkey led Nikos deeper into the island's secrets. They explored ancient ruins and abandoned caves while the donkey told Nikos about the legends surrounding them.

But as the sun began to sink down over the horizon, Nikos realized it was time to return to the village. He turned to the donkey with a sad smile and bid farewell. "Thank you for everything, Yellow Donkey," he said. "I will never forget this adventure."

The donkey nodded understandingly and smiled broadly. "Remember, Nikos," it said. "The adventure always continues as long as you keep your heart brave and open your eyes to the beauty around you."

With a promise to return one day, Nikos got back on his bike and headed back to the village. He knew that with courage and curiosity, he could find adventure anywhere - even in his own backyard on the beautiful island of Santorini.

Den Lykkeligste Due i København

I Københavns travle gader, hvor mennesker myldrer frem og tilbage i deres daglige strabadser, boede der en lille due ved navn Olaf. Olaf var ikke som de andre duer i byen. Han var ikke tilfreds med blot at finde brødkrummer på gaden eller søge ly under hustage. Nej, Olaf drømte om mere - han drømte om at være den lykkeligste due i hele København.

Olaf boede i en lille rede på toppen af en smuk gammel bygning tæt på Rådhuspladsen. Hans udsigt over byen var betagende, og han nød at se solopgangen male himlen i varme nuancer af orange og pink. Men selvom Olaf elskede sit hjem, følte han alligevel, at der manglede noget i hans liv.

En dag, mens Olaf fløj gennem byens gader på jagt efter mad, stødte han pludselig på en anden due, der så ud til at være i nød. Duen var lille og pjusket og så ud til at være faret vild. Hun kiggede bange rundt omkring sig, som om hun ikke vidste, hvor hun skulle gå hen.

Olaf landede ved siden af den lille due og spurgte forsigtigt: "Er du okay? Kan jeg hjælpe dig med noget?"

Den lille due så op og smilede taknemmeligt til Olaf. "Jeg er faret vild," svarede hun. "Jeg ved ikke, hvordan jeg kommer tilbage til mit hjem."

Olaf følte medfølelse for den lille due og besluttede straks at hjælpe hende. Han guidede hende gennem byens gader og over hustagene, indtil de til sidst nåede hendes rede. Den lille due kiggede taknemmeligt på Olaf og sagde: "Tak for din venlighed. Du er virkelig den venligste due, jeg nogensinde har mødt."

Olaf følte en varm følelse sprede sig indeni ham ved tanken om at have hjulpet en anden due i nød. Han indså, at lykke ikke kun lå i at opfylde sine egne drømme, men også i at hjælpe andre og være en god ven.

The Happiest Pigeon in Copenhagen

In the busy streets of Copenhagen, where people bustled back and forth in their daily struggles, lived a little pigeon named Olaf. Olaf was not like the other pigeons in the city. He was not content with just finding breadcrumbs on the street or seeking shelter under rooftops. No, Olaf dreamed of more - he dreamed of being the happiest pigeon in all of Copenhagen.

Olaf lived in a small nest atop a beautiful old building near City Hall Square. His view of the city was breathtaking, and he enjoyed watching the sunrise paint the sky in warm shades of orange and pink. But even though Olaf loved his home, he still felt like something was missing in his life.

One day, while Olaf was flying through the city streets in search of food, he suddenly stumbled upon another pigeon who seemed to be in distress. The pigeon was small and scruffy and appeared to be lost. She looked around nervously as if she didn't know where to go.

Olaf landed next to the little pigeon and asked gently, "Are you okay? Can I help you with something?"

The little pigeon looked up and smiled gratefully at Olaf. "I'm lost," she replied. "I don't know how to get back to my home."

Olaf felt compassion for the little pigeon and immediately decided to help her. He guided her through the city streets and over the rooftops until they finally reached her nest. The little pigeon looked gratefully at Olaf and said, "Thank you for your kindness. You truly are the kindest pigeon I've ever met."

Olaf felt a warm feeling spread inside him at the thought of having helped another pigeon in need. He realized that happiness lay not only in fulfilling his own dreams but also in helping others and being a good friend.

Den Hemmelige Forening af Morgensangere

I den lille landsby Troldegård, hvor solen altid steg op over de grønne bakker og fuglene sang i trætoppene, boede der en gruppe mennesker, der elskede morgener mere end noget andet. De kaldte sig selv for "Den Hemmelige Forening af Morgensangere," og hver dag mødtes de ved solopgang for at synge solen op over horisonten.

Foreningen var ikke stor - kun seks medlemmer - men deres kærlighed til morgenen og musikken bandt dem sammen på magisk vis. Der var Frederik, landsbyens bager, der altid bragte friskbagte croissanter til morgensangene. Der var Emma, bibliotekaren, der kendte alle de smukkeste sange og melodier. Der var Lars, gartneren, hvis stemme var så dyb, at den rystede jorden under ham. Der var Sofie, skolelæreren, der altid kom med sjove og inspirerende sange at synge. Der var Anna, sygeplejersken, der havde en stemme så smuk, at selv fuglene blev stille for at lytte. Og så var der Thomas, præsten, der ledte morgensangene med en passion og glæde, der smittede af på alle omkring ham.

Hver morgen mødtes de ved den gamle eg på bakken uden for landsbyen. De stod i en cirkel, deres stemmer blandede sig i harmoni med lyden af naturen omkring dem. De sang sange om kærlighed, håb og glæde, og deres stemmer steg op mod himlen som en hyldest til den nye dag.

En dag, mens de sang ved den gamle eg, bemærkede de pludselig noget usædvanligt. En lille lysstråle brød gennem skyerne og landede på jorden lige foran dem. De standsede deres sang og stirrede forundret på lyset, der begyndte at danse og hvirvle omkring dem som en magisk symfoni af farver.

"Det er magi!" udbrød Anna begejstret.

"Vi har vækket naturens ånder med vores sange!" tilføjede Lars med glæde i stemmen.

Men midt i deres begejstring hørte de pludselig en stemme kalde til dem fra skyerne. Det var en stemme så blid og smuk, at det næsten lød som musik.

"Kære Morgensangere," lød stemmen. "Jeres sange har nået mit hjerte og fyldt mig med glæde. I har vist mig kærligheden og skønheden i jeres hjerter, og for det vil jeg give jer en gave."

Med disse ord åbnede himlen sig, og en skattekiste af lyse stjerner og glitrende perler dalede ned over dem. De betragtede forbløffede, da gaverne landede i deres hænder - gaver af lykke, helbredelse og kærlighed.

Da gaverne var blevet givet, forsvandt lyset, og himlen blev atter stille og rolig. Men Den Hemmelige Forening af Morgensangere vidste, at deres liv aldrig ville være det samme igen.

The Secret Society of Morning Singers

In the small village of Trollwood, where the sun always rose over the green hills and the birds sang in the treetops, lived a group of people who loved mornings more than anything else. They called themselves "The Secret Society of Morning Singers," and every day they gathered at sunrise to sing the sun up over the horizon.

The society wasn't large - only six members - but their love for the morning and music bound them together in a magical way. There was Frederik, the village baker, who always brought freshly baked croissants to the morning sings. There was Emma, the librarian, who knew all the most beautiful songs and melodies. There was Lars, the gardener, whose voice was so deep it shook the earth beneath him. There was Sofie, the schoolteacher, who always came up with fun and inspiring songs to sing. There was Anna, the nurse, whose voice was so beautiful that even the birds fell silent to listen. And then there was Thomas, the priest, who led the morning sings with a passion and joy that infected everyone around him.

Every morning they met at the old oak tree on the hill outside the village. They stood in a circle, their voices blending in harmony with the sounds of nature around them. They sang songs of love, hope, and joy, and their voices rose up to the sky as a tribute to the new day.

One day, while they were singing at the old oak tree, they suddenly noticed something unusual. A small beam of light broke through the clouds and landed on the ground right in front of them. They stopped their singing and stared in amazement at the light, which began to dance and swirl around them like a magical symphony of colors.

"It's magic!" exclaimed Anna excitedly.

"We've awakened the spirits of nature with our songs!" added Lars, joy in his voice.

But in the midst of their excitement, they suddenly heard a voice calling to them from the clouds. It was a voice so gentle and beautiful that it almost sounded like music.

"Dear Morning Singers," the voice said. "Your songs have touched my heart and filled me with joy. You have shown me the love and beauty in your hearts, and for that, I will give you a gift."

With these words, the sky opened up, and a treasure chest of bright stars and sparkling pearls descended upon them. They watched in astonishment as the gifts landed in their hands - gifts of happiness, healing, and love.

When the gifts had been given, the light disappeared, and the sky became calm and quiet again. But The Secret Society of Morning Singers knew that their lives would never be the same.

Solen Vil Skinne

I den lille landsby Solvang boede der en ung kvinde ved navn Marie. Marie var opvokset i landsbyen og havde altid haft en særlig kærlighed til solen, der skinnede på himlen og fyldte hendes hjerte med varme og håb. Men en dag, da Marie vågnede op, var himlen dækket af mørke skyer, og solen var gemt væk bag dem. Hun sukkede tungt og kiggede ud ad vinduet, mens regndråberne trommede mod ruden og gav et trist og ensomt udtryk på hendes ansigt.

Marie havde altid troet på solens magt til at bringe lys og glæde ind i hendes liv, men denne dag følte hun sig trist og håbløs over den grå himmel og den vedvarende regn. Hun vidste ikke, hvordan hun skulle finde sin sædvanlige glæde og optimisme i en verden, der syntes så mørk og trist.

Men så kom hun i tanke om noget, hendes bedstemor plejede at sige til hende, når hun var ked af det: "Selv når himlen er dækket af skyer, og regnen falder ned, vil solen altid skinne igen."

Med dette i tankerne besluttede Marie sig for at gøre noget for at bringe lidt lys ind i sin dag. Hun tog sin paraply og gik ud i landsbyen, fast besluttet på at finde glæde og skønhed, selv i regnvejr.

Som hun gik gennem gaderne, lagde Marie mærke til de små glimt af skønhed omkring hende: de farverige blomster, der stod i fuldt flor trods regnen, børnene, der legede og lo i vandpytterne, og de varme og indbydende lys, der strålede fra butiksvinduerne.

Da Marie kom hjem, følte hun sig ikke længere trist og håbløs, men fyldt med en følelse af taknemmelighed og glæde over de små glæder i livet. Hun indså, at selv når solen ikke skinnede på himlen, kunne hun stadig finde lys og varme i sit hjerte og i de mennesker og ting omkring hende.

The Sun Will Shine

In the small village of Sun Valley lived a young woman named Marie. Marie had grown up in the village and had always had a special love for the sun, which shone in the sky and filled her heart with warmth and hope.

But one day, when Marie woke up, the sky was covered with dark clouds, and the sun was hidden behind them. She sighed heavily and looked out the window as raindrops drummed against the glass, casting a sad and lonely expression on her face.

Marie had always believed in the sun's power to bring light and joy into her life, but this day she felt sad and hopeless about the gray sky and the persistent rain. She didn't know how to find her usual joy and optimism in a world that seemed so dark and gloomy.

But then she remembered something her grandmother used to say to her when she was sad: "Even when the sky is covered with clouds and the rain falls down, the sun will always shine again."

With this in mind, Marie decided to do something to bring a little light into her day. She took her umbrella and walked out into the village, determined to find joy and beauty, even in the rain.

As she walked through the streets, Marie noticed the small glimpses of beauty around her: the colorful flowers standing in full bloom despite the rain, the children playing and laughing in the puddles, and the warm and inviting lights shining from the shop windows.

When Marie returned home, she no longer felt sad and hopeless, but filled with a sense of gratitude and joy for the small pleasures in life. She realized that even when the sun didn't shine in the sky, she could still find light and warmth in her heart and in the people and things around her.

Der er altid en kage på bordet

I den lille by Møllehaven boede fru Jensen, en enke, hvis kærlighed til bagning var kendt i hele nabolaget. Uanset tidspunktet på dagen eller hvilken dag det var, kunne man altid være sikker på, at der var en kage på fru Jensens bord.

Fru Jensen havde arvet sin mands gamle bageri, og hun brugte hver dag på at bage lækre kager og søde sager til glæde for alle omkring hende. Hun troede på, at en god kage kunne bringe folk sammen og sprede glæde i selv de sværeste tider.

En dag flyttede en ny familie ind i nabolaget. De var fremmede og havde ingen forbindelser til de andre beboere. Fru Jensen besluttede sig for at byde dem velkommen på sin egen måde. Hun bagte en særlig stor og lækker kage og gik over til deres hus.

Da den nye familie åbnede døren, blev de mødt af duften af friskbagt kage og synet af fru Jensen, der stod med et varmt smil. De var overvældede af hendes venlighed og generøsitet og inviterede hende indenfor.

Snart blev fru Jensens kage en fast tradition i nabolaget. Uanset om der var fødselsdag, jubilæum eller bare en almindelig hverdag, var der altid en kage på bordet hos fru Jensen. Og selvom kagerne var lækre, var det den kærlighed og omsorg, hun lagde i dem, der gjorde dem så særlige.

Der er altid en kage på bordet, tænkte fru Jensen med et smil, for kærlighed er den vigtigste ingrediens af dem alle.

There's Always a Cake on the Table

In the small town of Møllehaven lived Mrs. Jensen, a widow whose love for baking was known throughout the neighborhood. Regardless of the time of day or the day of the week, one could always count on there being a cake on Mrs. Jensen's table.

Mrs. Jensen had inherited her late husband's old bakery, and she spent each day baking delicious cakes and sweet treats to the delight of everyone around her. She believed that a good cake could bring people together and spread joy even in the toughest times.

One day, a new family moved into the neighborhood. They were strangers and had no connections to the other residents. Mrs. Jensen decided to welcome them in her own way. She baked a specially large and delicious cake and went over to their house.

As the new family opened the door, they were greeted by the smell of freshly baked cake and the sight of Mrs. Jensen standing there with a warm smile. They were overwhelmed by her kindness and generosity and invited her inside.

Soon, Mrs. Jensen's cake became a regular tradition in the neighborhood. Whether it was a birthday, anniversary, or just an ordinary day, there was always a cake on Mrs. Jensen's table. And although the cakes were delicious, it was the love and care she put into them that made them so special.

There's always a cake on the table, Mrs. Jensen thought with a smile, for love is the most important ingredient of them all.

Fiskerens Sang

Langs den maleriske kystlinje på øen Bornholm boede der en ældre fisker ved navn Lars. Han havde tilbragt hele sit liv ved havet, og hver dag før solopgang steg han ombord på sin lille båd og sejlede ud på det rolige blå hav.

En morgen, mens solen stadig var på vej op, og havet var stille som et spejl, hørte Lars en smuk sang, der svævede over vandet. Det var en melodi, så skøn og fortryllende, at Lars næsten kunne føle, hvordan den trængte ind i hans sjæl.

Forundret stoppede han sin båd og lyttede. Sangen kom fra en gruppe delfiner, der legede i bølgerne. Deres toner var fyldt med glæde og fred, og Lars følte sig øjeblikkeligt beroliget af lyden.

Fra den dag af blev det en rutine for Lars at tage ud på havet hver morgen ikke kun for at fiske, men også for at lytte til delfinernes sang. Han lærte sig at kende hvert eneste dyrs stemme og kunne skelne mellem deres forskellige melodier.

En dag, da himlen var dækket af tunge skyer, og havet brølede med vrede bølger, besluttede Lars at tage ud på havet alligevel. Han havde brug for roen og trøsten fra delfinernes sang mere end nogensinde.

Da han nåede sit sædvanlige sted, begyndte han at lytte, men der var ingen lyd. Panikken steg i Lars' bryst, og han kaldte på delfinerne, men de svarede ikke.

Netop som Lars var ved at give op håbet, hørte han en svag sang i det fjerne. Det var en enkelt delfin, der svømmede imod ham gennem de brusende bølger. Med tårer i øjnene lyttede Lars til sangen, der fyldte ham med håb og styrke midt i stormen.

Da solen brød igennem skyerne, og havet igen blev roligt, vendte Lars tilbage til kysten med en ny forståelse af naturens kraft og skønhed.

The Fisherman's Song

Along the picturesque coastline of the island of Bornholm lived an elderly fisherman named Lars. He had spent his entire life by the sea, and every day before sunrise, he would board his small boat and sail out onto the calm blue waters.

One morning, while the sun was still rising and the sea was as still as a mirror, Lars heard a beautiful song drifting over the water. It was a melody so lovely and enchanting that Lars could almost feel it penetrating his soul.

Curiously, he stopped his boat and listened. The song was coming from a group of dolphins playing in the waves. Their tones were filled with joy and peace, and Lars instantly felt soothed by the sound.

From that day on, it became a routine for Lars to head out to sea every morning not only to fish but also to listen to the dolphins' song. He learned to recognize each animal's voice and could distinguish between their different melodies.

One day, when the sky was covered with heavy clouds and the sea roared with angry waves, Lars decided to venture out to sea anyway. He needed the calm and comfort of the dolphins' song more than ever.

When he reached his usual spot, he began to listen, but there was no sound. Panic rose in Lars' chest, and he called out to the dolphins, but they didn't respond.

Just as Lars was about to give up hope, he heard a faint song in the distance. It was a single dolphin swimming towards him through the crashing waves. With tears in his eyes, Lars listened to the song, which filled him with hope and strength in the midst of the storm.

As the sun broke through the clouds and the sea became calm again, Lars returned to the shore with a new understanding of nature's power and beauty.

Det var en ganske almindelig uge i den lille by Aalborg. Folk gik på arbejde, børnene gik i skole, og livet fortsatte som sædvanligt. Men for én person skulle denne uge vise sig at være noget helt særligt.

Møller Jensen, en ældre herre med hvidt skæg og et venligt smil, boede alene i sit lille hus ved skovens kant. Han havde levet et stille liv efter sin pensionering og brugte sine dage på at gå ture i skoven og passe sin have.

Men denne uge skulle vise sig at være anderledes. En dag, mens Møller Jensen var ude at gå en tur, stødte han på en fortabt hundehvalp. Den lille hvalp var våd og sulten og kiggede med store, triste øjne på Møller Jensen.

Uden at tøve besluttede Møller Jensen sig for at tage sig af hvalpen. Han tog den med hjem, tørrede den af og gav den noget mad og vand.

Men ugen var ikke slut endnu. Næste dag, da Møller Jensen var ude at handle i byen, stødte han på en ældre dame, der var faldet og havde brug for hjælp. Han skyndte sig straks hen til hende, hjalp hende op og sørgede for, at hun kom sikkert hjem.

Og sådan fortsatte ugen. Hver dag skete der noget nyt og uventet for Møller Jensen. Han hjalp naboer med at reparere deres hegn, han delte mad med dem, der havde brug for det, og han gav sit selskab til dem, der følte sig ensomme.

Da ugen var omme, satte Møller Jensen sig tilfreds ned i sin lænestol og kiggede ud af vinduet. Han følte sig træt, men også utrolig lykkelig. For selv om denne uge havde været fyldt med udfordringer og overraskelser, havde den også været fyldt med kærlighed, venskab og håb.

Og for Møller Jensen var det mere end nok.

It was a rather ordinary week in the small town of Aalborg. People went to work, children went to school, and life continued as usual. But for one person, this week was going to be quite special.

Møller Jensen, an elderly gentleman with a white beard and a friendly smile, lived alone in his small house at the edge of the forest. He had lived a quiet life since retiring and spent his days taking walks in the forest and tending to his garden.

But this week was going to be different. One day, while Møller Jensen was out for a walk, he came across a lost puppy. The little puppy was wet and hungry, looking at Møller Jensen with big, sad eyes.

Without hesitation, Møller Jensen decided to take care of the puppy. He brought it home, dried it off, and gave it some food and water.

But the week was not over yet. The next day, while Møller Jensen was out shopping in town, he came across an elderly lady who had fallen and needed help. He immediately rushed to her aid, helped her up, and made sure she got home safely.

And so the week went on. Every day, something new and unexpected happened to Møller Jensen. He helped neighbors repair their fences, he shared food with those in need, and he kept company with those who felt lonely.

When the week was over, Møller Jensen sat contentedly in his armchair and looked out the window. He felt tired but incredibly happy. Because even though this week had been filled with challenges and surprises, it had also been filled with love, friendship, and hope.

And for Møller Jensen, that was more than enough.

Ensomheden hvilede tungt på Ingrid, som et usynligt tæppe, der indhyllede hende i et stille mørke. Hendes daglige rutine bestod af ensformighed, et ritual af tomme handlinger, der kun tjente til at understrege hendes isolation.

Hun boede i en lille hytte ved skovens kant, hvor træerne hviskede stille historier om tidens gang. Men Ingrid hørte ikke længere skovens stemme. Hendes eget hjerte havde for længst lukket sig for verden udenfor.

En dag, da solen kastede sit gyldne lys gennem trækronerne, fandt Ingrid en gammel kiste gemt under et lag støv på loftet. Hendes hænder rystede, da hun forsigtigt løftede låget og afslørede et skatkammer af minder fra fortiden.

Blandt de glemte skatte fandt hun et fotografi af en ung mand med varme øjne og et smil, der kunne smelte selv de koldeste hjerter. Det var Alexander, hendes ungdomskærlighed, hvis minde hun havde forsøgt at begræde i årevis.

Tårerne flød frit ned ad Ingrids kinder, som minderne om Alexander væltede ind over hende som en flodbølge af følelser. Hun genoplevede de lykkelige dage, hvor de vandrede hånd i hånd gennem skoven og drømte om en fremtid sammen.

Men lykken var kortvarig, for Alexander forsvandt sporløst en skæbnesvanger dag for mange år siden. Ingrid søgte forgæves efter ham, men hans spor var som forsvundet i tågerne.

Med fotografiet i hånden besluttede Ingrid sig for at opsøge fortiden og finde ud af, hvad der skete med Alexander. Hendes hjerte bankede hurtigere af spænding og frygt, men hun vidste, at hun måtte tage det første skridt ud i det ukendte.

Hun begav sig ud på en rejse gennem landet, hvor hun opsøgte gamle venner og steder, hvor hun og Alexander plejede at mødes. Hver kilometer bragte hende tættere på sandheden, men også længere væk fra den trygge, men ensomme tilværelse hun havde kendt.

Efter flere uger med intens søgen stod Ingrid foran en forladt hytte dybt inde i skoven. Hendes hjerte bankede hårdt i brystet, da hun åbnede døren og trådte ind i det mørke rum.

Men i det dunkle lys fik hun øje på en skikkelse siddende ved pejsen. Det var Alexander, men tiden havde sat sine spor på ham. Hans ansigt var blegt og træt, men hans øjne lyste op, da han så Ingrid.

Med tårer i øjnene fortalte Alexander sin historie. Han havde været fanget i et net af forviklinger og svigt, men hans kærlighed til Ingrid havde holdt ham i live gennem alle årene.

Sammen brød de den usynlige mur, der havde adskilt dem i årevis, og omfavnede hinanden med en intensitet, der kun kan opstå mellem to, hvis skæbner er uløseligt forbundet.

Ingrid og Alexander forlod den forladte hytte og begav sig ud i verden sammen, hånd i hånd, klar til at genopdage kærlighedens kraft og skabe nye minder, der ville vare livet ud. For selv i skyggerne af fortiden kan lyset fra kærligheden finde vej.

Shadows of the Past

Loneliness weighed heavily on Ingrid, like an invisible blanket enveloping her in a quiet darkness. Her daily routine consisted of monotony, a ritual of empty actions that only served to emphasize her isolation.

She lived in a small cottage at the edge of the forest, where the trees whispered quiet stories about the passage of time. But Ingrid no longer heard the voice of the forest. Her own heart had long closed itself off from the outside world.

One day, as the sun cast its golden light through the treetops, Ingrid found an old chest hidden under a layer of dust in the attic. Her hands trembled as she gently lifted the lid, revealing a treasure trove of memories from the past.

Among the forgotten treasures, she found a photograph of a young man with warm eyes and a smile that could melt even the coldest hearts. It was Alexander, her youthful love, whose memory she had tried to mourn for years.

Tears streamed freely down Ingrid's cheeks as memories of Alexander flooded over her like a tidal wave of emotions. She relived the happy days when they walked hand in hand through the forest and dreamed of a future together.

But happiness was short-lived, for Alexander disappeared without a trace on a fateful day many years ago. Ingrid searched in vain for him, but his trail seemed to vanish into the mists.

With the photograph in hand, Ingrid decided to seek out the past and find out what happened to Alexander. Her heart raced with excitement and fear, but she knew she had to take the first step into the unknown.

She embarked on a journey through the country, visiting old friends and places where she and Alexander used to meet. Each mile brought her closer to the truth, but also farther away from the safe but lonely existence she had known.

After several weeks of intense searching, Ingrid stood in front of an abandoned cottage deep in the forest. Her heart pounded hard in her chest as she opened the door and stepped into the dark room.

But in the dim light, she caught sight of a figure sitting by the fireplace. It was Alexander, but time had left its mark on him. His face was pale and tired, but his eyes lit up when he saw Ingrid.

With tears in his eyes, Alexander told his story. He had been trapped in a web of entanglements and betrayals, but his love for Ingrid had kept him alive through all the years.

Together, they broke down the invisible wall that had separated them for years, and embraced each other with an intensity that can only arise between two whose destinies are inexorably linked.

Ingrid and Alexander left the abandoned cottage and set out into the world together, hand in hand, ready to rediscover the power of love and create new memories that would last a lifetime. For even in the shadows of the past, the light of love can find its way.

Den stille kyst

Det var en varm sommerdag ved den stille kyst. Havet lå blikstille, kun afbrudt af de svage bevægelser fra de små bølger, der kyssede sandstranden. Solen hang lavt på himlen, og dens gyldne stråler kastede lange skygger over landskabet.

En mand ved navn Erik stod alene på kysten, med en fiskestang i hånden og blikket fæstnet mod horisonten. Hans ansigt var vejrbitet og hans hår gråt af saltvandets påvirkning gennem årene. Han var en mand af få ord, men hans øjne bar på en historie af mange farver og nuancer.

Erik havde tilbragt hele sit liv ved denne kyst, fiskende og hvilende sin sjæl ved det rolige hav. Han var en del af landskabet, ligesom sandet under hans fødder og de fjerne bjerge, der tegnede sig i horisonten.

Mens han stod der, fangede hans blik pludselig noget på vandoverfladen. En flok måger kredser lavt over havet, deres skrig klingende som musik i den stille luft. Erik fæstnede sig ved synet af dem, hans tanker vandrende tilbage til gamle minder og tidligere tiders fangster.

Han trak forsigtigt linen ind, en rutine han havde udført tusindvis af gange før. Hans bevægelser var rolige og kontrollerede, som en dans med havet selv. Og da han endelig fik en fisk på krogen, var det som om, tiden stoppede op, og verden blev reduceret til det simple og rene øjeblik af fangst og belønning.

Han satte sig ned på den glatte sten ved vandkanten og betragtede solen, der begyndte at synke ned mod horisonten. Farverne på himlen skiftede gradvist fra blå til orange, og det gyldne lys kastede en magisk glød over landskabet.

Pludselig hørte Erik lyden af skridt bag sig. Han vendte sig om og så en ung kvinde komme gående langs stranden. Hendes lange, mørke hår flagrede i vinden, og hendes øjne bar en visdom, der syntes at være langt ældre end hendes alder.

Hun nærmede sig langsomt og satte sig ved siden af Erik på stenen. De sagde ikke noget, men lod stilheden tale for dem. De delte et øjeblik af fred og ro, der var som et skær af evighed midt i den travle verden.

Da solen endelig forsvandt bag horisonten, rejste kvinden sig og sagde farvel med et smil. Erik så efter hende, hans hjerte fyldt af en følelse, han ikke kunne sætte ord på.

The Quiet Coast

It was a warm summer day by the quiet coast. The sea lay perfectly still, only interrupted by the gentle movements of the small waves kissing the sandy beach. The sun hung low in the sky, and its golden rays cast long shadows over the landscape.

A man named Erik stood alone on the coast, with a fishing rod in hand and his gaze fixed on the horizon. His face was weather-beaten, and his hair was gray from the influence of saltwater over the years. He was a man of few words, but his eyes held a story of many colors and nuances.

Erik had spent his entire life by this coast, fishing and soothing his soul by the tranquil sea. He was a part of the landscape, like the sand beneath his feet and the distant mountains that traced the horizon.

As he stood there, his gaze suddenly caught something on the water's surface. A flock of seagulls circled low over the sea, their cries sounding like music in the still air. Erik fixated on the sight of them, his thoughts drifting back to old memories and past catches.

He carefully reeled in the line, a routine he had performed thousands of times before. His movements were calm and controlled, like a dance with the sea itself. And when he finally hooked a fish, it was as if time stood still, and the world was reduced to the simple and pure moment of catch and reward.

He sat down on the smooth stone at the water's edge and watched the sun begin to sink towards the horizon. The colors of the sky gradually shifted from blue to orange, and the golden light cast a magical glow over the landscape.

Suddenly, Erik heard the sound of footsteps behind him. He turned around and saw a young woman walking along the beach. Her long, dark hair fluttered in the wind, and her eyes bore a wisdom that seemed far older than her age.

She approached slowly and sat down beside Erik on the stone. They didn't say anything, but let the silence speak for them. They shared a moment of peace and tranquility, like a glimpse of eternity in the midst of the busy world.

As the sun finally disappeared behind the horizon, the woman stood up and said goodbye with a smile. Erik watched her go, his heart filled with a feeling he couldn't put into words.

Afrikas Stjerne

Det var en varm eftermiddag på den afrikanske savanne, hvor solen brændte ned fra en skyfri himmel, og varmen fik luften til at dirre. På en lille gård ved navn Nyabyo boede en ung kvinde ved navn Sara. Hun var en dristig og eventyrlysten sjæl, hvis hjerte længtes efter fjerne horisonter og ukendte eventyr.

Sara boede alene på gården, omgivet af det vilde landskab og de smukke, men farlige dyr, der kaldte savannen deres hjem. Hendes dage blev brugt på at udforske det omkringliggende landskab og drømme om at se mere af verden.

En dag, mens Sara red ud på savannen på sin trofaste hest, hørte hun en fjern lyd. Det var en melodi, der blev båret af vinden, og den vækkede minder fra hendes barndom i det fjerne Danmark.

Som om hun blev ført af en usynlig kraft, begav Sara sig ud på en rejse gennem sin fortid. Hun mindedes de kolde vintre, hvor sneen dækkede landskabet i et tæppe af hvidt, og de lange somre, hvor solen aldrig gik ned.

I det fjerne kunne hun se en gammel mand, der sad ved et bål, hans øjne fæstnet mod stjernerne. Sara nærmede sig langsomt, som om hun ikke ønskede at forstyrre mandens tankegang.

Manden så op og mødte Saras blik med et smil, der var fyldt med en visdom, der kun kunne komme fra et liv tilbragt på savannen. De talte ikke meget, men deres ord var som en dans af skygger under den afrikanske nattehimmel, fyldt med mystik og magi.

Da solen begyndte at stige over horisonten, Sara så sig omkring. Hun var tilbage på sin gård, solen steg langsomt op på himlen, men alt føltes anderledes nu. Som om hun havde fået et glimt af en verden, der eksisterede uden for hendes dagligdag.

Africa's Star

It was a warm afternoon on the African savannah, where the sun beat down from a cloudless sky, and the heat made the air shimmer. On a small farm named Nyabyo lived a young woman named Sara. She was a bold and adventurous soul, whose heart longed for distant horizons and unknown adventures.

Sara lived alone on the farm, surrounded by the wild landscape and the beautiful, yet dangerous animals that called the savannah their home. Her days were spent exploring the surrounding countryside and dreaming of seeing more of the world.

One day, while Sara rode out on the savannah on her faithful horse, she heard a distant sound. It was a melody carried by the wind, and it stirred memories from her childhood in distant Denmark.

As if guided by an invisible force, Sara embarked on a journey through her past. She remembered the cold winters, where snow covered the landscape in a blanket of white, and the long summers, where the sun never set.

In the distance, she could see an old man sitting by a fire, his eyes fixed on the stars. Sara approached slowly, as if she didn't want to disturb the man's thoughts.

The man looked up and met Sara's gaze with a smile filled with wisdom that could only come from a life spent on the savannah. They didn't speak much, but their words were like a dance of shadows under the African night sky, filled with mystique and magic.

As the sun began to rise over the horizon, Sara looked around. She was back on her farm, the sun slowly rising in the sky, but everything felt different now. As if she had caught a glimpse of a world that existed beyond her everyday life.

Kanelsnegle på bordet

I en hyggelig lejlighed i hjertet af København vågnede Marie en lørdag morgen til duften af friskbagte kanelsnegle. Solen strålede ind gennem vinduerne og malede varme striber på hendes ansigt, mens hun strakte sig og gned søvnen ud af øjnene.

Med et smil på læberne gik hun ud i køkkenet, hvor hendes mor, Anne, stod ved ovnen med et forventningsfuldt udtryk i ansigtet. Bordet var dækket med en dug af blomster og en skål fyldt med dampende varme kanelsnegle.

"Morgen, mor," sagde Marie og omfavnede hende. "De ser lækre ud!"

Anne smilede og rakte hende en tallerken.

"Ja, jeg håber, de lever op til dine forventninger," sagde hun. "Jeg ved, hvor meget du elsker mine kanelsnegle."

Marie smilede og tog en bid af den varme, krydrede snegl. Den smeltede på tungen og fyldte munden med en blanding af sødme og krydderi. Det var som at smage barndommen på ny - trygheden og glæden ved at være hjemme.

Mens de spiste, delte de minder og grin fra fortiden. De mindedes de mange lørdagsmorgener, hvor de havde brugt sammen i køkkenet, og de håbede på mange flere at komme.

Da de var færdige med at spise, ryddede de bordet sammen og satte sig i stuen med en kop varm kaffe. Solen skinnede udenfor, og verden føltes fuld af muligheder og løfter om nye eventyr.

Cinnamon Buns on the Table

In a cozy apartment in the heart of Copenhagen, Marie woke up one Saturday morning to the scent of freshly baked cinnamon buns. The sun streamed in through the windows, painting warm stripes on her face as she stretched and rubbed the sleep from her eyes.

With a smile on her lips, she walked into the kitchen where her mother, Anne, stood by the oven with an expectant look on her face. The table was set with a floral tablecloth and a bowl filled with steaming hot cinnamon buns.

"Morning, Mom," said Marie, embracing her. "They look delicious!"

Anne smiled and handed her a plate.

"Yes, I hope they live up to your expectations," she said. "I know how much you love my cinnamon buns."

Marie smiled and took a bite of the warm, spicy bun. It melted on her tongue and filled her mouth with a blend of sweetness and spice. It was like tasting childhood anew - the comfort and joy of being home.

As they ate, they shared memories and laughter from the past. They reminisced about the many Saturday mornings they had spent together in the kitchen, and they hoped for many more to come.

After they finished eating, they cleared the table and sat in the living room with a cup of hot coffee. The sun was shining outside, and the world felt full of possibilities and promises of new adventures.

Sokkedetektivernes Hemmelighed

Det var en regnfuld eftermiddag i København, og gaderne var dækket af våde fliser. I en lille sidegade, skjult bag en række farverige bygninger, lå et gammelt og forladt lagerhus. På døren stod der med falmet skrift: "Sokkedetektivernes Hemmelighed".

Inde i lagerhuset var der et mylder af aktivitet. Bordene var fyldt med bunker af sokker, der var blevet efterladt af deres ejere og nu ledte efter deres match. Midt i kaosset stod en gruppe mærkeligt klædte mennesker - det var Sokkedetektivernes Hemmelighed, Københavns mest eksklusive sokkedetektivbureau.

Blandt det farverige persongalleri var der Frida, den driftige leder af bureauet, med sit skøre hår og sit skæve smil. Der var også Magnus, den geniale opfinder, der altid havde en ny opfindelse på lager. Og så var der Lise, den rolige og metodiske analytiker, der altid formåede at finde nålen i høstakken.

Denne dag havde Sokkedetektivernes Hemmelighed modtaget en særlig udfordring. En berømt skuespillerinde havde henvendt sig til dem med en presserende sag: hun havde mistet sin yndlingssok, og ingen andre end Sokkedetektivernes Hemmelighed kunne hjælpe med at finde den.

Frida tog sagen alvorligt og indkaldte straks resten af teamet til et møde. "Vi har fået vores næste opgave, mine venner," erklærede hun med alvor i stemmen. "En yndlingssok er blevet tabt, og det er vores opgave at finde den og bringe den tilbage til sin retmæssige ejer."

Magnus nikkede ivrigt og tog straks fat på sit arbejde. Med et strejf af genialitet begyndte han at eksperimentere med en ny opfindelse - en sokketracker, der kunne spore sokkenes bevægelser overalt i byen.

Imens gik Lise i gang med at analysere beviserne. Hun studerede sokkens mønster og farve nøje, og forsøgte at finde et spor, der kunne føre dem til dens skjulte placering.

Dagene gik, og Sokkedetektivernes Hemmelighed arbejdede ufortrødent på sagen. De interviewede vidner, ledte efter spor og udforskede selv de mørkeste afkroge af København i deres søgen efter den forsvundne sok.

Men selv med deres bedste bestræbelser syntes sokken at være forsvundet sporløst. Frida begyndte at tvivle på deres evner som detektiver, og teamet begyndte at miste modet.

Men så, lige da alt håb syntes tabt, fik Magnus en genial idé. Ved hjælp af sin nyeste opfindelse, sokketrackeren, lykkedes det ham endelig at spore sokken tilbage til dens ejer. Og det viste sig, at sokken havde været fanget under en stolpe på skuespillerindens veranda hele tiden.

Skuespillerinden var henrykt over at få sin yndlingssok tilbage. Hun erklærede, at de var de bedste detektiver i byen, og at hun aldrig ville glemme deres hjælp.

Med sagen løst og deres ære genoprettet, fejrede Sokkedetektivernes Hemmelighed deres triumf med et stort festmåltid. Og selvom de måske aldrig ville opnå den samme berømmelse som Sherlock Holmes eller Hercule Poirot, vidste de, at de altid ville være Sokkedetektivernes Hemmelighed - de bedste detektiver i København, når det kom til at finde de forsvundne sokker.

The Lost Sock Detective Agency

It was a rainy afternoon in Copenhagen, and the streets were covered with wet tiles. In a small side street, hidden behind a row of colorful buildings, stood an old and abandoned warehouse. On the door, faded letters spelled out: "The Lost Sock Detective Agency."

Inside the warehouse was a hive of activity. Tables were piled high with stacks of socks, abandoned by their owners and now searching for their matches. Amidst the chaos stood a group of oddly dressed individuals - it was The Lost Sock Detective Agency, Copenhagen's most exclusive sock detective bureau.

Among the colorful cast of characters was Frida, the resourceful leader of the agency, with her wild hair and quirky smile. There was also Magnus, the ingenious inventor, who always had a new invention ready. And then there was Lise, the calm and methodical analyst, who always managed to find the needle in the haystack.

On this day, The Lost Sock Detective Agency had received a special challenge. A famous actress had approached them with an urgent case: she had lost her favorite sock, and no one but The Lost Sock Detective Agency could help find it.

Frida took the case seriously and immediately called the rest of the team for a meeting. "We've got our next assignment, my friends," she declared with seriousness in her voice. "A favorite sock has been lost, and it's our job to find it and bring it back to its rightful owner."

Magnus nodded eagerly and got to work right away. With a touch of genius, he began experimenting with a new invention - a sock tracker that could trace the movements of socks all over the city.

Meanwhile, Lise started analyzing the evidence. She studied the pattern and color of the sock carefully, trying to find a clue that could lead them to its hidden location.

Days went by, and The Lost Sock Detective Agency worked tirelessly on the case. They interviewed witnesses, searched for clues, and explored even the darkest corners of Copenhagen in their quest to find the missing sock.

But even with their best efforts, the sock seemed to have vanished without a trace. Frida began to doubt their abilities as detectives, and the team started to lose hope.

But then, just when all seemed lost, Magnus had a stroke of genius. Using his latest invention, the sock tracker, he finally managed to trace the sock back to its owner. And it turned out that the sock had been trapped under a post on the actress's veranda all along.

The actress was delighted to get her favorite sock back. She declared them to be the best detectives in the city and vowed never to forget their help.

With the case solved and their honor restored, The Lost Sock Detective Agency celebrated their triumph with a grand feast. And while they may never achieve the same fame as Sherlock Holmes or Hercule Poirot, they knew that they would always be The Lost Sock Detective Agency - the best detectives in Copenhagen when it came to finding missing socks.

En Rejse Gennem Tiden

Det var en grå og regnfuld eftermiddag i den gamle bydel i København. Gaderne var våde, og skyerne hang tunge over hustagene. Midt på en bro stod en ung kvinde ved navn Sofie og stirrede ud over vandet.

Sofie var en drømmende sjæl, hvis fantasi ofte førte hende på eventyr. Hun havde altid været fascineret af historie og kunne bruge timer på at læse om fortidens mysterier og legender. Men denne eftermiddag havde hun en særlig følelse af uro. Noget trak hende mod den gamle kirke, der lå på den anden side af broen.

Med bankende hjerte og en følelse af forventning begav Sofie sig af sted mod kirken. Da hun trådte indenfor, blev hun straks grebet af stedets ældgamle atmosfære. Hun standsede op og betragtede de gamle stenmure og de farverige glasmosaikker, der kastede et mystisk skær over rummet.

Pludselig hørte Sofie en svag hvisken bag sig. Da hun vendte sig om, så hun en ældre herre med et venligt smil. "Velkommen til Vor Frue Kirke, unge dame," sagde han med en dyb stemme. "Hvad fører dig hertil på en dag som denne?"

Sofie smilede genert og pegede på et maleri, der hang på væggen. Det forestillede en ung kvinde iført en dragt fra en svunden tid. "Jeg ved det ikke helt," svarede hun ærligt. "Der var noget ved dette sted, der trak mig til sig. Jeg følte, at jeg var nødt til at udforske det."

Den ældre herre nikkede forstående og førte Sofie gennem kirken, mens han fortalte hende om dens historie og betydning gennem tiden. Han fortalte om de gamle konger og dronninger, der havde bedt her, og om de legender, der omgav stedet.

Sofie lyttede ivrigt til hans ord og lod sig fordybe i fortidens magi. Hun følte sig som om, hun var blevet transporteret tilbage i tiden, til en æra af riddere og kærlighedshistorier. Hun kunne næsten mærke historiens vingesus omkring sig.

Da rundvisningen var forbi, takkede Sofie den ældre herre og forlod kirken med en følelse af taknemmelighed. Hun gik langs broen og betragtede vandet, der spejlede himlen over hende.

Pludselig blev hendes opmærksomhed fanget af noget, der lå på jorden foran hende. Det var en gammel mønt, der glimtede i regnen. Sofie bøjede sig ned og samlede den op, mens hun betragtede dens slitage og patina.

I det øjeblik følte hun, at tiden stod stille omkring hende. Hun lukkede øjnene og lod sig synke ned i fortidens strøm. Hun forestillede sig, hvordan mønten engang havde tilhørt en ukendt person, der havde levet og elsket i en fjern tid.

Da Sofie åbnede øjnene igen, indså hun, at hun var blevet en del af historien. Hun var en rejsende gennem tiden, der blev ført af sine drømme og sin nysgerrighed.

A Journey Through Time

It was a gray and rainy afternoon in the old town of Copenhagen. The streets were wet, and the clouds hung heavy over the rooftops. In the middle of a bridge stood a young woman named Sofie, gazing out over the water.

Sofie was a dreamy soul, whose imagination often led her on adventures. She had always been fascinated by history and could spend hours reading about the mysteries and legends of the past. But this afternoon, she felt a special sense of restlessness. Something drew her towards the old church on the other side of the bridge.

With a pounding heart and a feeling of anticipation, Sofie set off towards the church. As she stepped inside, she was immediately captivated by the place's ancient atmosphere. She stopped and admired the old stone walls and the colorful stained glass windows, which cast a mysterious glow over the room.

Suddenly, Sofie heard a faint whisper behind her. When she turned around, she saw an elderly gentleman with a friendly smile. "Welcome to Our Lady's Church, young lady," he said in a deep voice. "What brings you here on a day like this?"

Sofie smiled shyly and pointed to a painting hanging on the wall. It depicted a young woman wearing a costume from a bygone era. "I'm not entirely sure," she replied honestly. "There was something about this place that drew me to it. I felt like I had to explore it."

The elderly gentleman nodded understandingly and led Sofie through the church, telling her about its history and significance over time. He spoke of the ancient kings and queens who had prayed here, and of the legends surrounding the place.

Sofie listened eagerly to his words and allowed herself to be immersed in the magic of the past. She felt as if she had been transported back in time, to an era of knights and love stories. She could almost feel the breeze of history around her.

When the tour was over, Sofie thanked the elderly gentleman and left the church with a feeling of gratitude. She walked along the bridge, watching the water reflecting the sky above her.

Suddenly, her attention was caught by something lying on the ground in front of her. It was an old coin, glimmering in the rain. Sofie bent down and picked it up, admiring its wear and patina.

In that moment, she felt as if time stood still around her. She closed her eyes and allowed herself to sink into the stream of the past. She imagined how the coin had once belonged to an unknown person, who had lived and loved in a distant time.

When Sofie opened her eyes again, she realized that she had become a part of history. She was a traveler through time, guided by her dreams and curiosity.

9 798224 568321